Muchos

Antonio Medel

Yo soy un lobito.
¡Mi aullido es potente!

Yo soy una ballenita.
¡Mi chorro es muy alto!

Yo soy un monito.
Mi mamá me arrulla.

Yo soy una ovejita.
Bebo de una botella.

(l)Bill Bachmann/Alamy, (r)Image Source/Getty Images

Yo soy una llamita.
Tengo lana muy fina.

Yo soy un venadito.
Vivo en el valle.

Yo soy un perrito.
Me llamo Fito.

Fotosearch/Getty Images